Coorie Cooking

Schottische Rezepte zum Wohlfühlen

Lachlan Anderson

Coorie Cooking

Schottische Rezepte zum Wohlfühlen

Lachlan Anderson

Bibliografische Information der Schweizerischen Nationalbibliothek:

Die Schweizerische Nationalbibliothek (nb.admin.ch) verzeichnet diese Publikation im Helveticat. Bewährte bibliografische Daten sind im Internet über https://www.helveticat.ch abrufbar.

Coorie Cooking: Schottische Rezepte zum Wohlfühlen
© 2021 Lachlan Anderson, Zürich
Publisher: BN Publishing

Alle Rechte vorbehalten. Kein Teil dieser Publikation darf ohne vorherige schriftliche Genehmigung des Herausgebers in irgendeiner Form reproduziert, verbreitet oder in irgendeiner Form übertragen werden, einschließlich Fotokopien, Aufzeichnungen oder anderen elektronischen oder mechanischen Methoden, außer im Fall von kurzen Zitaten in kritische Überprüfungen und bestimmte andere kommerzielle Verwendungen, die nach dem Urheberrecht zulässig sind.

ISBN: 978-6-3001-4602-0

INHALTSVERZEICHNIS

INHALTSVERZEICHNIS 1

EINFÜHRUNG 3

SCHOTTISCHE VORSPEISEN 7

    1. Schottisches Bannockbrot (Scottish Bannock Bread) 9

    2. Baked Scotch Eggs 13

    3. Schottische mit Speck umwickelte Jakobsmuscheln (Scottish Bacon-wrapped Scallops) 16

    4. Schottische Wurstbrötchen (Scottish Sausage Rolls) 20

    5. Schottisches Vanille-Cranberry-Pekannuss Shortbread (Scottish Vanilla-Cranberry-Pecan Shortbread) 24

SCHOTTISCHE HAUPTGÄNGE 29

    6. Schottisches Fleisch und Tatties (Scottish Meat and Tatties) 31

    7. Geräucherter Lachs Wellington mit Lauch und Frischkäse (Smoked Salmon Wellington with Leek & Cream Cheese) ... 35

    8. Schottischer geräucherter Lachs auf Toast mit herzhaftem Rarebit (Scottish Smoked Salmon on Toast with Savory Rarebit) 39

    9. Schellfisch Schottischer Art (Scottish Cullen Skink) 43

    10. Mit Speck umwickeltes Schweinefleisch mit Blutwurst und Rhabarber (Bacon-wrapped Pork with Black Pudding & Rhubarb) 47

SCHOTTISCHE DESSERTS 51

    11. Schottische Shortbread Kekse (Scottish Shortbread Cookies) mit optionaler «Tunkschokolade» 53

    12. Schottischer Beeren-Trifle (Scottish Tipsy Laird Trifle) ... 57

13. Schottischer Fliegenfriedhof (Scottish Fly Cemetry) 61

14. Crunchy Rhabarber-Ingwer Streuselkuchen (Rhubarb and Ginger Crunchy Streusel Cake) 64

15. Schottische Vanille-Riegel (Scottish Vanilla Tablet) 68

FAZIT 71

Über Lachlan Anderson 73

Weitere Bücher von Lachlan Anderson 75

    Deutsch 75

    Englisch 76

Eine letzte Sache 79

EINFÜHRUNG

Das schottische Essen bietet viele wundervolle Gerichte und eine große Auswahl aus den verschiedenen Ecken Schottlands. Schottlands Kultur (und Küche) wurde durch Einwanderung und Einflüsse aus Übersee stark bereichert. Schottische Köche kombinieren in der Regel eine Vielzahl von Meeresfrüchten und schottischen Fleischprodukten mit köstlichem Gemüse aus der Region. Obst wird oft verwendet, um Saucen, Pürees und Sorbets herzustellen, die zu diesen hauptsächlich auf Fleisch basierenden Mahlzeiten passen. Schottischer Käse ist auch ein fester Bestandteil der schottischen Menüs. Daher servieren schottische Restaurants in der Regel herzhafte Gerichte, die durch einige einzigartige und weitgehend unerwartete Aromen ergänzt werden. Wenn Sie durch die Menüs einiger schottischer Restaurants stöbern, werden Sie von den Varianten und der Vielfalt der angebotenen Gerichte überrascht sein.

Trotz seines Rufs, von seinen Verzehrenden eine gewisse Tapferkeit zu fordern, ist das schottische Essen überraschend variantenreich. Zum Beispiel finden Sie die wunderbar kontroversen "Haggis" auf jeder schottischen Speisekarte (und in den meisten „Chip Shops", den Läden, in denen Sie Fish and Chips und ähnliches als Take-away erhalten). Aber wenn es um schottisches Essen geht, ist Haggis nur die Spitze des Eisbergs. Der Haggis ist ein Schafsmagen, gefüllt mit Schafsherz, Leber und Lunge, verfeinert mit gehackten Zwiebeln, Haferflocken, Rindernierenfett, Gewürzen, Salz und Brühe.

Andere beliebte schottische Gerichte und Speisen sind zum Beispiel auch:

Blutwurst (Black Pudding):

Schottland ist nicht das einzige Land, in dem die Blutwurst lebt, daher handelt es sich nicht ausschließlich um schottisches Essen. Die schottische Version von Blutwurst wird jedoch sehr oft mit Teig überzogen und frittiert, um eine knusprige Schale hinzuzufügen. Anschließend tunkt man es in braune Sauce.

Stovies:

Übliche Zutaten sind immer Kartoffeln (in Schottland gehören sie unbedingt dazu; es ist sogar ein beliebter Familienname), Zwiebeln, Rindfleisch und Schmalz.

Shortbread:

Schottlands Lieblingskeks!

Es bestehen unendlich viele Variationen des beliebten Shortbread-Rezepts, aber die Hauptzutaten des wahren Rezepts sind Zucker, Butter und Mehl. Wenn Sie Shortbread und Whisky zusammenstellen, haben Sie die genialste Kombination überhaupt!

Scottish Macaroon Bar:

Eine köstliche Schokoladenfondant-Tafel.

Sehnsucht nach dem Geschmack der schottischen Küche? Probieren Sie diese 15 köstlichen, schnellen und einfach zuzubereitenden Rezepte, die den Reichtum und die Vielfalt der schottischen Küche zeigen!

SCHOTTISCHE VORSPEISEN

1. Schottisches Bannockbrot
(Scottish Bannock Bread

Vorbereitungszeit: 10 Minuten

Kochzeit: 30 Minuten

Gesamtzeit: 40 Minuten

Ergibt ca.: 12 Portionen

Zutaten

3 Tassen Mehl

1 Teelöffel Salz

2 Esslöffel Backpulver

1 Esslöffel Puderzucker

¼ Tasse Butter, geschmolzen

1 ½ Tasse Wasser oder Milch

Öl zum Einfetten

Anleitung

1. Mehl, Zucker, Salz und Backpulver in einer großen Schüssel vermengen. Zum Mischen umrühren. Gießen Sie geschmolzene Butter und Wasser über die Mehlmischung. Mit einer Gabel oder besser dem Teigschaber umrühren bis Sie einen Teig mit fester Konsistenz erhalten, aus dem Sie einen Ball formen können.
2. Den Teig auf einer leicht bemehlten Oberfläche etwa 10 Mal leicht kneten. Den Teig zu einem etwa 1 cm hohen Kreis zurechtdrücken bzw. klopfen.
3. Die Oberseite kann oder kann auch nicht eingeschnitten werden, wie auf dem Foto.
4. Auf einem gefetteten Backblech bei 180° Celsius für 25-30 Minuten oder bis leicht gebräunt gebacken.
5. Noch warm genießen.

Es handelt sich hier um eine Art Grundrezept. Als Varianten können z.B. 2 Messerspitzen Anis oder Fenchel dazugegeben werden. Auch andere Varianten sind möglich. Einfach ausprobieren!

Das Brot ist im Übrigen auch ein Klassiker für die Outdoorküche. Es lässt sich gut in der Pfanne oder über dem Feuer zubereiten. Es ist ebenfalls gut geeignet für die Zubereitung als Stockbrot.

Nährwertangaben pro Portion: 149 Kalorien; 4 g Fett; 23,2 g Kohlenhydrate; 3,4 g Protein; 0,8 g Faser.

2. Baked Scotch Eggs

Vorbereitungszeit: 10 Minuten

Kochzeit: 30 Minuten

Gesamtzeit: 40 Minuten

Ergibt ca.: 4 Portionen

Zutaten

1 Pfund fein gehacktes mageres Schweinefleisch

½ Teelöffel Salz

1 Teelöffel geriebener Salbei

½ Teelöffel Pfeffer

½ Teelöffel Thymian

1/8 Teelöffel Nelken

4 mittelgroße Eier, hart gekocht

Mehl

1 großes Ei

2 Tassen feine trockene Semmelbrösel

Anleitung

1. Mischen Sie das Schweinefleisch gründlich mit den Gewürzen und teilen Sie es in vier gleiche Portionen.
2. Die hart gekochten Eier schälen, in Wasser tauchen und jeweils mit Mehl bestreichen.
3. Wickeln Sie jedes Ei in eine Portion Fleisch und stellen Sie sicher, dass es vollständig bedeckt ist.
4. Schlagen Sie das große Ei.
5. Tauchen Sie jedes mit Fleisch umgebene Ei in das geschlagene Ei und bestreichen Sie es gründlich mit Semmelbröseln.
6. Eine Stunde kaltstellen.
7. Backen Sie auf einem Backblech bei 200° Celsius für 30 Minuten oder bis sie goldbraun sind.

Rezept Hinweis

Die Garzeit beinhaltet keine Kühlzeit.

Nährwertangaben pro Portion

345 Kalorien; 29,2 g Protein; 27,3 g Nettokohlenhydrate; 4,3 g Faser; 10,2 g Fett.

3. Schottische mit Speck umwickelte Jakobsmuscheln (Scottish Bacon-wrapped Scallops)

Vorbereitungszeit: 10 Minuten

Kochzeit: 10 Minuten

Gesamtzeit: 20 Minuten

Ergibt ca.: 6 Portionen

Zutaten

12 Scheiben Speck, Rinde entfernt

24 große Jakobsmuscheln, geschält

Schwarzer Pfeffer nach Geschmack

1 Teelöffel frisch gehackte Petersilie (wenn Sie mögen)

2 Zitronen, nur Saft

60g ungesalzene Butter, geschmolzen

Anleitung

1. Butter, Zitronensaft, Pfeffer und Petersilie in eine große Schüssel geben und gut mischen.
2. Fügen Sie die Jakobsmuscheln hinzu und wenden Sie sie, um sie mit der Buttermischung zu beschichten.
3. Schneiden Sie jeden Speckstreifen der Breite nach in zwei Hälften und wickeln Sie dann jede Jakobsmuschel in einen halben Speckstreifen. Fädeln Sie sie dabei auf Spieße und behalten Sie die restliche Buttermischung.
4. Pro Seite ca. 4 Minuten über heißem Feuer anbraten und mit der restlichen Buttermischung begießen, bis der Speck knusprig und goldbraun ist.
5. Richten Sie die Spieße auf einer Servierplatte an und träufeln Sie die restliche Buttermischung darüber. Wenn Sie möchten, können Sie die einzelnen Muschelpäckchen auch auf einem Cracker oder Vollkornchip anrichten (wie auf dem Bild oben).

Servieren und genießen!

Nährwertangaben pro Portion: 344 Kalorien; 21,3 g Protein; 26,2 g Fett; 5,2 g Nettokohlenhydrate; 0,1 g Faser.

4. Schottische Wurstbrötchen
(Scottish Sausage Rolls)

Vorbereitungszeit: 20 Minuten

Kochzeit: 25 Minuten

Gesamtzeit: 45 Minuten

Ergibt ca.: 12 große Wurstrollen

Zutaten

1 Packung Blätterteig

1 Pfund Rinderhackfleisch

½ Tasse Wasser, je nach Bedarf mehr

1 ¼ Teelöffel Salz

¾ Teelöffel schwarzer Pfeffer

¾ Teelöffel getrockneter, gemahlener Koriander

½ Teelöffel Muskatnuss

1 Tasse einfache Semmelbrösel

1 Eiweiß, leicht geschlagen

Anleitung

1. Ofen auf 200° Celsius vorheizen.
2. Mischen Sie das Salz, alle Gewürze und Semmelbrösel in einer großen Schüssel. Gut umrühren. Fügen Sie das Rinderhackfleisch und Wasser hinzu.
3. Mischen Sie mit den Händen alle Zutaten, bis sie eine Hackbratenstruktur haben, und fügen Sie nach Bedarf mehr Wasser hinzu. Die Wurst sollte beim Zusammendrücken zusammenhalten, ohne zu nass zu sein.
4. Legen Sie den Blätterteig auf ein sauberes Brett. Machen Sie eine lange Rolle und schneiden Sie sie in gewünschte Größen.
5. Formen Sie etwas Fleisch zu Rollen und legen Sie es in die Nähe eines Endes des Gebäcks. Geben Sie jedoch nicht zu viel Fleisch hinein, da es sonst beim Backen aufplatzt.
6. Befeuchten Sie mit Ihrem Finger leicht eine der Kanten mit etwas Wasser, versiegeln Sie sie und crimpen Sie sie dann mit einer Gabel.
7. Auf ein ausgekleidetes Backblech legen, drei oder vier kleine Schnitte in die Oberseite des Gebäcks machen und mit etwas geschlagenem Eiweiß bestreichen.

8. Wurstbrötchen ca. 25 Minuten backen oder bis sie goldbraun sind.
9. Mit brauner Sauce nach Wahl servieren und genießen.

Nährwertangaben pro Wurstbrötchen

89 Kalorien; 5 g Nettokohlenhydrate; 6 g Protein; 5 g Fett.

5. Schottisches Vanille-Cranberry-Pekannuss Shortbread (Scottish Vanilla-Cranberry-Pecan Shortbread)

Vorbereitungszeit: 10 Minuten

Kochzeit: 20 Minuten

Gesamtzeit: 30 Minuten

Ergibt ca.: 6 Portionen

Zutaten

Für die Shortbread „Becher":

Antihaft-Kochspray

¼ Tasse Butter oder Margarine, Raumtemperatur

6 Esslöffel Frischkäse, Raumtemperatur

6 Esslöffel Mehl

Für die Füllung:

1 Ei, geschlagen

2 Esslöffel brauner Zucker

2 Teelöffel Ahornsirup

1 Teelöffel Vanille

½ Tasse gehackte Pekannüsse

¼ Tasse getrocknete Preiselbeeren

1 Streifen Speck, knusprig gebraten und zerbröckelt

Anleitung

1. Ofen auf 180° Celsius vorheizen.
2. Eine 6-Tassen-Mini-Muffinform mit Antihaft-Kochspray einfetten und beiseitestellen. Natürlich können Sie auch einzelne Förmchen nehmen oder sogar Papierförmchen, wie auf meinem Bild.
3. Alle Krustenzutaten zusammen mit einem Elektromixer schlagen, bis ein Teig entsteht. In 6 gleich große Teigbällchen aufteilen.
4. Rollen Sie zwischen 2 Blatt Transparentfolie jede Teigkugel in einen Kreis, der gerade groß genug ist, um den Boden der Muffinschalen und die Seiten etwa einen Zentimeter nach oben zu bedecken.
5. Jede der vorbereiteten Muffinschalen mit ausgerolltem Teig auslegen; beiseitelegen
6. Für die Füllung alle Zutaten zusammen mit einem Elektromixer gut verrühren.
7. Die Füllung auf die 6 ausgekleideten Muffinschalen verteilen.

8. Im vorgeheizten Backofen ca. 20 Minuten backen oder bis die Mitte der Füllung fest ist. Achten Sie auch darauf, dass der Rand fest ist. Aus dem Ofen nehmen, um etwas abzukühlen. Anschließend vorsichtig herausheben und vor dem Servieren noch weiter abkühlen lassen.

Nährwertangaben pro Portion

439 Kalorien; 13,2 g Protein; 29,7 g Fett; 38,4 g Nettokohlenhydrate; 7,2 g Faser.

SCHOTTISCHE HAUPTGÄNGE

6. Schottisches Fleisch und Tatties
(Scottish Meat and Tatties)

Vorbereitungszeit: 15 Minuten

Kochzeit: 1 Std. 30 Min.

Gesamtzeit: 1 Std. 45 Min

Ergibt ca.: 4 Portionen

Zutaten

1 Pfund schottisches Eintopfsteak, geschnitten und gewürfelt

1 Tasse Mehl, gewürzt mit Salz und Pfeffer

1-2 Esslöffel Pflanzenöl

1 Zwiebel, geschält und fein gewürfelt

1 ½ Tassen Rinderbrühe

1 ¼ Pfund Kartoffeln, geschält und in kleine Stücke geschnitten

1 Esslöffel Butter

½ Tasse Milch

Salz und Pfeffer nach Geschmack

Anleitung

1. Das Eintopfsteack mit dem gewürzten Mehl bestreichen und beiseitestellen.
2. Erhitzen Sie das Öl in einem großen Topf und fügen Sie die gewürfelten Zwiebeln hinzu. Braten Sie sie vorsichtig bei schwacher Hitze, bis sie weich und transparent sind.
3. Nehmen Sie die Pfanne vom Herd und fügen Sie das Steak und die Brühe hinzu.
4. Stellen Sie die Pfanne wieder auf die Hitze, bringen Sie sie zum Kochen und drehen Sie dann die Hitze herunter und kochen Sie sie 1 Stunde und 15 Minuten lang leicht.
5. Wenn das Eintopfsteak gekocht ist, probieren Sie und passen Sie die Gewürze und Gewürzmengen an.
6. 15 Minuten vor dem Servieren des Eintopfsteaks eine Pfanne mit Salzwasser zum Kochen bringen und die Kartoffeln hinzufügen. Kochen Sie die Kartoffeln 15 Minuten lang oder bis sie sehr weich werden, lassen Sie sie abtropfen und fügen Sie dann etwas Butter und Milch hinzu. Setzen Sie die Pfanne wieder für eine Minute auf die Hitze und zerdrücken Sie dann die Kartoffeln mit einem

Kartoffelstampfer. Mit Salz und Pfeffer abschmecken.
7. Servieren Sie das Fleisch und die Tatties auf warmen Tellern mit Gemüse der Saison. Genießen!

Rezept Hinweis

Wenn die Soße während des Kochens zu dünn ist, fügen Sie einen Esslöffel Maismehl hinzu, das mit etwas Wasser gemischt ist.

Nährwertangaben pro Portion

433 Kalorien; 15,3 g Protein; 11,8 g Fett; 31 g Nettokohlenhydrate; 7,1 g Faser.

Auf dem Foto habe ich übrigens noch „Neeps" als zweite Beilage; es handelt sich um gestampfte Rüben. Die Kombination „Neeps and Tatties" ist typisch schottisch, so etwa wie die bei uns bekannte Kombination Erbsen und Rüben.

7. Geräucherter Lachs Wellington mit Lauch und Frischkäse (Smoked Salmon Wellington with Leek & Cream Cheese)

Vorbereitungszeit: 12 Minuten

Kochzeit: 20 Minuten

Gesamtzeit: 32 Minuten

Ergibt ca.: 4 Portionen

Zutaten

1 kleiner gereinigter Lauch, geschnitten und gewürfelt

4 Frühlingszwiebeln, geschnitten und gewürfelt

Ein Stück Butter

4 (insgesamt 1 Pfund) geräucherte schottische Lachsfilets

Saft von 1 Zitrone

4 Esslöffel Frischkäse

375 g fertig gerollter Blätterteig, in 4 Rechtecke geschnitten

1 Ei, geschlagen

Mohn, Sesam, evtl. weitere Körner sowie Salz und Pfeffer; alles je nach Geschmack

Anleitung

1. Heizen Sie Ihren Backofen auf 200 Grad Celsius vor.
2. Lauch und Frühlingszwiebeln in etwas Butter anbraten, bis sie weich sind. Beiseitelegen.
3. Frischkäse, Zitronensaft, Salz und Pfeffer in einer Schüssel vermengen. Überprüfen Sie die Gewürze und geben Sie das sautierte Gemüse in die Frischkäsemischung. Alles durch Umrühren vermischen.
4. Legen Sie die Blätterteig-Rechtecke auf ein großes Brett und verteilen Sie die Frischkäse-Gemüse-Mischung auf jedes Blätterteigstück, wobei an den Aussenseiten ein Rand von etwa 2 cm verbleibt.
5. Legen Sie ein Lachsfilet auf die Frischkäse-Gemüse-Mischung, schneiden Sie jede lange Seite des Gebäcks in Streifen und „flechten" Sie die Gebäckstreifen in einem Gittermuster übereinander. Alternativ können Sie die Wellington-Päckchen natürlich auch anders gestalten, dies kommt auch ein bisschen auf die Form des Teigs und der Lachsstücke an. Die Oberfläche mit dem aufgeschlagenen Ei bestreichen und etwas Körner nach Belieben

darüber streuen. Sie können Sie natürlich auch weglassen, wenn sie dies nicht mögen.
6. Legen Sie die Wellingtons vorsichtig auf ein gefettetes Backblech und backen Sie sie etwa 20 Minuten lang oder bis das Gebäck aufgebläht und goldbraun ist.
7. Heiß mit Kartoffeln und Gemüse servieren und genießen!

Nährwertangaben pro Portion

560 Kalorien; 46 g Fett; 19,1 g Nettokohlenhydrate; 2,6 g Faser; 18,6 g Protein

8. Schottischer geräucherter Lachs auf Toast mit herzhaftem Rarebit (Scottish Smoked Salmon on Toast with Savory Rarebit)

Vorbereitungszeit: 20 Minuten

Kochzeit: 20 Minuten

Gesamtzeit: 40 Minuten

Ergibt ca.: 2 Portionen

Zutaten

250 g Räucherlachs

150 ml Vollmilch

Lorbeerblatt

25 g Butter

25 g Maismehl

1 Teelöffel Dijon-Senf

100 g geriebener schottischer Cheddar-Käse

4 Scheiben geröstetes dick geschnittenes Schwarzbrot; dieses ist unser Toast

Gemahlener schwarzer Pfeffer nach Geschmack

Anleitung

1. Legen Sie den Fisch in eine Pfanne und fügen Sie die Milch und das Lorbeerblatt hinzu. Zum Kochen bringen und 2 Minuten leicht pochieren, bis der Lachs undurchsichtig und gerade so gekocht ist.
2. Heben Sie den Fisch heraus, entfernen Sie die Haut durch Abschälen. Entsorgen Sie den Lorbeer und stellen Sie die Milch für die Basis der Rarebit-Sauce beiseite.
3. Heizen Sie nun Ihren Backofen stark vor, d.h. ca. 250 Grad Celsius.
4. Die Butter in einer kleinen Pfanne schmelzen, dann das Maismehl einrühren und eine Minute kochen lassen oder bis Sie eine sandige Konsistenz haben.
5. Nach und nach die beiseitegestellte Milch unterrühren. Kochen Sie vorsichtig (Anbrenn- und Überkochgefahr) und rühren Sie laufend um, bis die Sauce nach Ihren Wünschen eingedickt und glatt ist. Den Senf und den größten Teil des Käses einrühren und mit schwarzem Pfeffer abschmecken.

6. Den Toast mit dem gekochten Fisch belegen, die Sauce darüber geben und mit dem restlichen Käse bestreuen.
7. Backen Sie den Toast mit dem Fisch nun im Ofen bis er golden und sprudelnd ist. Wenn Sie eine Grillfunktion haben, verwenden Sie diese.
8. Heiß servieren, idealerweise mit einem weiteren Stück knusprigem Brot und frischen Tomaten.
9. Geniessen!!!

Nährwertangaben pro Portion

430 g Kalorien; 25 g Fett; 21,4 Nettokohlenhydrate; 1,4 g Faser; 35,3 g Protein.

9. Schellfisch Schottischer Art (Scottish Cullen Skink)

Vorbereitungszeit: 10 Minuten

Kochzeit: 30 Minuten

Gesamtzeit: 40 Minuten

Ergibt ca.: 4 Portionen

Zutaten

250 ml Vollmilch

Kleine Handvoll gehackte Petersilie, zum Garnieren (Blätter und Stiele getrennt)

1 Pfund geräuchertes Schellfischfilet

1 Esslöffel Butter

300 ml Wasser

1 mittelgroße Zwiebel, fein gehackt

2 mittelgroße Kartoffeln (je 200 g)

Gemahlener schwarzer Pfeffer nach Geschmack (optional)

Anleitung

1. Schmelzen Sie die Butter in einem Topf bei mittlerer Hitze, fügen Sie dann die Zwiebel hinzu und dünsten Sie sie 6-8 Minuten lang oder bis sie durchscheinend, aber nicht gebräunt ist.

2. Kartoffeln und Wasser hinzufügen und zum Kochen bringen. Hitze leicht reduzieren und ca. 10-15 Minuten köcheln lassen.

3. In der Zwischenzeit das Schellfischfilet in eine andere Pfanne geben und mit der Milch bedecken. 5 Minuten leicht kochen lassen oder bis sie gerade zart sind. Das Schellfischfilet mit einem geschlitzten Löffel vorsichtig aus der Milch nehmen, auf einen Teller geben und etwas abkühlen lassen. Die Milch behalten. Wenn das Schellfischfilet kühl genug ist, um es zu berühren, zerteilen Sie es in gröbere Stücke und entfernen Sie alle Gräte, die Sie möglicherweise noch finden.

4. Die reservierte Milch und die Schellfischstücke mit der Kartoffelmischung und der gehackten Petersilie in die Pfanne geben und weitere 5 Minuten kochen lassen.

5. Probieren Sie die Suppe und würzen Sie sie mit Pfeffer.

6. Mit mehr Petersilie bestreuen und heiß mit knusprigem Brot servieren. Genießen!

Nährwertangaben pro Portion

208 Kalorien; 18 g Nettokohlenhydrate; 3 g Faser; 17 g Protein; 6 g Fett.

10. Mit Speck umwickeltes Schweinefleisch mit Blutwurst und Rhabarber (Bacon-wrapped Pork with Black Pudding & Rhubarb)

Vorbereitungszeit: 25 Minuten

Kochzeit: 50 Minuten

Gesamtzeit: 1 Std. 15 Min

Ergibt ca.: 6 Portionen

Zutaten

12 dünne Speckstreifen mit Fettrand

2 Schweinefilets, je ca. 350 g

250 g Blutwurst, gehäutet und in Scheiben geschnitten

1 Esslöffel Olivenöl

Olivenöl

1 Esslöffel klarer Honig

300 g Rhabarber, diagonal in 5 cm lange Stücke geschnitten

200ml Gemüsebrühe

2 Esslöffel Crème Fraîche

Anleitung

1. Heizen Sie den Backofen auf 190 Grad Celsius vor. Die Schweinefilets der Länge nach fast halbieren und wie ein Buch öffnen. Mit einem Nudelholz flachdrücken und von allen Seiten mit Salz, Pfeffer und Zitronensaft bestreuen. Füllen Sie das Schweinefleisch mit der Blutwurst und falten Sie das Fleisch wieder darüber, um die Blutwurst einzuschließen.
2. Dehnen Sie die Speckstreifen mit dem Rücken eines Messers, wickeln Sie sie dann um die Schweinefilets und stecken Sie die Enden nach Möglichkeit unter das Schweinefleisch. In eine große Bratform geben, mit dem Öl beträufeln und 30 Minuten im Ofen braten.
3. Während die Schweinefilets gebraten werden, erhitzen Sie den Honig in einer Pfanne und geben Sie den Rhabarber in den Honig. Nun alles in die

Bratform dazugeben und dann noch 10 Minuten in den Ofen stellen, bis der Rhabarber weich und der Speck schön gebräunt ist. Geben Sie das Schweinefleisch und den Rhabarber auf einen warmen Teller und halten Sie sich warm, während Sie die Sauce machen.

4. Erhitzen Sie die Gemüsebrühe in einer Pfanne. Zum Kochen bringen und umrühren, dann Minuten abkühlen lassen. Die Crème Fraîche unterrühren und verquirlen, bis sie sich in der Sauce aufgelöst hat. Probieren Sie die Gewürze und passen Sie sie gegebenenfalls an.

5. Das Schweinefleisch in Scheiben schneiden und mit dem Rhabarber und etwas übergossener Sauce servieren. Die restliche Sauce separat servieren und genießen!

Rezept Hinweis

Dies ist ein ganz besonderes hervorragendes Geschmackserlebnis, durch den Rhabarber und die Blutwurst sehr speziell kombiniert und nicht alltäglich. Dennoch ist das Gericht einfach zuzubereiten und schmeckt durch die angenehme Süße sehr gut!

Sie können alle Vorbereitungen einen Tag zuvor machen und nur die Sauce am Tag des Essens machen. Natürlich müssen Sie das Fleisch nochmals kurz aufwärmen.

Auch Reste sind z.B. in Tortillas mit etwas Salat und Mayonnaise eine großartige weitere Hauptmahlzeit.

Nährwertangaben pro Portion
426 Kalorien; 34,6 g Protein; 8 g Nettokohlenhydrate; 1 g Faser; 27,8 g Fett.

SCHOTTISCHE DESSERTS

11. Schottische Shortbread Kekse (Scottish Shortbread Cookies) mit optionaler «Tunkschokolade»

Vorbereitungszeit: 40 Minuten

Kochzeit: 20 Minuten

Gesamtzeit: 60 Minuten

Ergibt ca.: 32 Cookies

Zutaten

2 Tassen Butter kalt und in Stücke geschnitten

1 Tasse hellbrauner Zucker

4 ½ Tassen Allzweckmehl

Halbsüße Schokolade zum Eintauchen, optional

Anleitung

1. Heizen Sie Ihren Backofen auf 160 Grad Celsius vor. Backbleche mit Backpapier auslegen und beiseitestellen.
2. In die Schüssel eines Standmixers Butter und braunen Zucker geben. Mit einem Paddelaufsatz mischen, bis es locker und leicht ist. Fügen Sie 3 ½ Tassen Mehl hinzu und mischen Sie, bis es eine homogene Masse als Teig ergibt.
3. Streuen Sie auf ein großes Brett ½ Tasse Mehl. Den Teig 5 Minuten lang von Hand kneten und das restliche Mehl nach Bedarf hinzufügen, um einen weichen Teig zu erhalten. Der Teig sollte weich und geschmeidig sein, aber nicht klebrig.
4. Bilden Sie eine Kugel, wickeln Sie sie fest ein und kühlen Sie sie etwa 30 Minuten lang. Nehmen Sie den Teig wieder aus dem Kühler und rollen Sie ihn auf eine Dicke von etwa 1 cm aus. Entweder in Rechtecke oder Dreiecke schneiden oder einen Ausstecher für die gewünschten Formen verwenden. Legen Sie jeden Keks etwa 2 cm voneinander entfernt auf das Backblech. Stechen Sie die Cookies mit

einer Gabel oder Nadel zur Verzierung ein (siehe Bild).

5. Backen Sie die Kekse etwa 20 Minuten lang oder bis die Ränder goldbraun sind.
6. Lassen Sie es auf dem Gitterrost vollständig abkühlen. Wenn gewünscht, Schokolade schmelzen und damit die Shortbreads beträufeln oder diese in die Schokolade tunken und genießen!

Nährwertangaben pro Cookie

320 g Kalorien; 19 g Fett; 32,4 g Nettokohlenhydrate; 0,8 g Faser; 3 g Protein.

12. Schottischer Beeren-Trifle
(Scottish Tipsy Laird Trifle)

Vorbereitungszeit: 30 Minuten

Kochzeit: keine

Gesamtzeit: 30 Minuten

Ergibt ca.: 5 Portionen

Zutaten

300 g Biskuit (halbiert und in dicke Scheiben geschnitten), alternativ können Sie auch Löffelbiskuits verwenden

300 g frische Himbeeren und Erdbeeren

Mindestens 6 Esslöffel Whisky (schottischen, natürlich)

2 Tassen dicke, fertige Vanillesoße

Eine Handvoll Minzblättchen und/oder Mandelblättchen (geröstet)

Anleitung

1. Den Boden eines großen Glases mit den dicken Biskuitscheiben auslegen, um eine erste feste Schicht zu bilden.
2. Reservieren Sie einige der frischen Beeren zur Dekoration und schichten Sie den Rest gleichmäßig über die Biskuitscheiben, um eine zweite Schicht zu bilden.
3. Mit dem Whisky beträufeln und darauf achten, dass er bis zum Kuchenboden reicht (also eigentlich tränken).
4. Vanillesoße darüber verteilen.
5. Nun können Sie optional eine Schicht Schlagsahne darüber geben.
6. Jetzt können Sie – wenn Sie wollen – nochmals mit einer Schicht Biskuits beginnen, dann Beeren (oder Creme) und umgekehrt.
7. Je nach Wunsch wieder mit Whiskey (schottischem!) großzügig beträufeln.
8. Dann wieder die dicke Vanillesoße darüber verteilen.
9. Jetzt wieder Schlagsahne darüber geben (wie auf dem Bild). Dies ist jedoch optional.

10. Dann mit den reservierten Beeren und einigen gerösteten Mandelblättchen und/oder Pfefferminzblättchen dekorieren.
11. Servieren und genießen!

Rezept Hinweise

- Sie sollten das Dessert ganz frisch zubereiten, da es ansonsten nicht mehr so gut schmeckt.
- Sie können das Dessert natürlich fast beliebig variieren und zum Beispiel andere Beeren (Heidelbeeren schmecken z.B. auch sehr gut) verwenden, mehr oder weniger Schichten machen, oben Schlagsahne als Abschluss verwenden, eine andere Spirituose nehmen etc.
- Für Kinder verzichten Sie einfach auf die Spirituose.
- Sie können das Dessert in einem einzelnen ganz großen Glas bzw. einer Schüssel anrichten oder natürlich auch gleich in Einzelgläsern.

Nährwertangaben pro Portion

650 Kalorien; 44 g Fett; 42 g Nettokohlenhydrate; 7 g Faser; 9 g Protein.

13. Schottischer Fliegenfriedhof (Scottish Fly Cemetry)

Vorbereitungszeit: 30 Minuten

Kochzeit: 30 Minuten

Gesamtzeit: 60 Minuten

Ergibt ca.: 12 Scheiben

Zutaten

1 2/3 Tassen Rosinen

½ Tasse Johannisbeeren

1 mittelgroßer Granny Smith Apfel, in kleine Stücke geschnitten

1 Tasse brauner Zucker

Mürbeteig

1 Ei, geschlagen, optional

Puderzucker zum Bestäuben der Oberseite

Anleitung

1. Beginnen Sie, indem Sie die getrockneten Früchte, den gehackten Apfel und den braunen Zucker in einer Schüssel zusammenrühren. Beiseitelegen.
2. Schneiden Sie den Mürbeteig in zwei Hälften und rollen Sie die erste Hälfte etwa 3 mm dünn auf einem Blatt Backpapier aus und geben sie dies in den Boden einer runden Backform.
3. Gießen Sie die Füllung in die mit Teig „belegte" Backform.
4. Die andere Hälfte des Mürbteigs ausrollen, um die Oberseite zu bedecken. Befeuchten Sie den Rand des unteren Gebäcks, heben Sie dann vorsichtig die zweite Gebäckschicht an und legen Sie sie auf die Oberseite der Frucht-/Zuckerfüllung. Drücken Sie die Kanten zusammen, um sie abzudichten.
5. Verzieren Sie die Oberseite leicht mit Quadraten oder Strichen (am besten mit einer Gabel), bestreichen Sie die Oberseite dann mit dem geschlagenen Ei, wenn Sie es verwenden

möchten, und streuen Sie dann den Puderzucker darüber. In der Mitte des Ofens etwa 30 Minuten backen oder bis alles goldbraun ist.

6. Nach dem Abkühlen in Scheiben schneiden und genießen!

Nährwertangaben pro Scheibe

130 Kalorien; 1 g Protein; 31,6 g Nettokohlenhydrate; 1 g Faser.

14. Crunchy Rhabarber-Ingwer Streuselkuchen (Rhubarb and Ginger Crunchy Streusel Cake)

Vorbereitungszeit: 20 Minuten

Kochzeit: 40 Minuten

Gesamtzeit: 60 Minuten

Ergibt ca.: 16 Kuchenquadrate

Zutaten

Für den Kuchen

225 g gesiebtes Mehl

150 g Puderzucker

2 Eier aus Freilandhaltung, geschlagen

100 g Margarine

6 Esslöffel frische Milch

½ Glas Rhabarber-Ingwer-Konfitüre Ihrer Wahl

Für den knusprigen Streusel

25 g Mehl

25 g Butter

75 g weicher brauner Zucker

½ Teelöffel gemahlener Ingwer

6 kleine kristallisierte Ingwerbällchen, in kleine Stücke geschnitten

50 g gehackte Pekannüsse

Anleitung

1. Heizen Sie Ihren Backofen auf 180° Celsius vor und fetten Sie eine etwa 30 x 20 cm große Kuchenform ein.
2. Um die nussige Streuselmischung herzustellen, reiben Sie die Butter in das Mehl und fügen Sie dann den Zucker, den gemahlenen Ingwer, die kristallisierten Ingwerstücke und die Pekannüsse hinzu. Dann beiseitestellen.
3. Die Margarine zusammen mit dem Zucker leicht und locker cremig rühren und dann die geschlagenen Eier und die Milch hinzufügen.
4. Mehl unterheben und gut mischen.
5. Die Hälfte der Kuchenmischung in die vorbereitete Kuchenform geben. Löffelweise Rhabarber-Ingwer-Konfitüre über die Kuchenmi-

schung geben und dann die Hälfte der nussigen Streuselmischung über die Marmelade streuen.

6. Mit der restlichen Kuchenmischung und dem Rest der nussigen Streuselmischung bedecken.
7. Backen Sie den Kuchen etwa 40 Minuten lang oder bis er goldbraun ist und sich fest anfühlt.
8. Lassen Sie den Kuchen vollständig abkühlen, bevor Sie ihn in Quadrate schneiden.
9. Mit Kaffee servieren und genießen!

Nährwertangaben pro Quadrat

181 Kalorien; 3 g Protein; 7,8 g Fett; 26 g Nettokohlenhydrate; 1 g Faser.

15. Schottische Vanille-Riegel (Scottish Vanilla Tablet)

Vorbereitungszeit: 1 Stunde

Kochzeit: 30 Minuten

Gesamtzeit: 1 Stunde 30 Minuten

Ergibt ca.: 8-10 Riegel

Zutaten

110 g Butter

900 g Puderzucker oder Kristallzucker

250 ml Vollmilch

1 Teelöffel Vanille-Essenz

Anleitung

1. Den Zucker und die Milch bei schwacher Hitze in eine große Pfanne geben. Gelegentlich umrühren, bis sich der gesamte Zucker aufgelöst hat. Fetten Sie ein etwa 30 x 20 cm großes Blech mit einer großzügigen Menge Butter vor und legen Sie es beiseite.
2. Sobald sich der gesamte Zucker aufgelöst hat, die Butter hinzufügen und schmelzen lassen. Der ganze Zucker muss sich auflösen!
3. Wenn die Butter geschmolzen ist, die Kondensmilch hinzufügen und gut mischen. Erhöhen Sie die Hitze und rühren Sie kontinuierlich, während die Mischung kocht und 120° Celsius auf Ihrem Thermometer erreicht (ca. 20 Minuten).
4. Vom Herd nehmen, die Vanille hinzufügen und die Mischung vor dem Schlagen etwas absetzen lassen. Mit einem Holzlöffel in der Pfanne kräftig rühren, bis die Mischung fast fest ist. Alternativ können Sie einen elektrischen Schwingbesen verwenden, um mindestens 5 Minuten lang kräftig zu schlagen.

5. Übertragen Sie die Mischung auf Ihr vorgefettetes Tablett und verteilen Sie es gleichmäßig auf den Rändern.
6. Lassen Sie genügend Zeit zum Ruhen (ein paar Stunden).

Rezept Hinweis

Für sauber geschnittene Quadrate oder Rechtecke der Riegel sollten Sie diese etwa 30 Minuten nach dem Übertragen in Ihr Tablett/Blech in die gewünschte Größe und Form schneiden. Alternativ können Sie das große Stück einfach wenn es härter ist in einzelne Portionen brechen. Diese sind dann zwar nicht symmetrisch, sehen aber natürlich aus, etwa wie Bruchschokolade.

Nährwertangaben pro Riegel

410 Kalorien; 12,1 g Protein; 15,2 g Fett; 28 g Nettokohlenhydrate; 6 g Faser.

FAZIT

Die schottische Küche bietet viele wundervolle Gerichte und eine große Auswahl aus den verschiedenen Ecken Schottlands. Das schottische Essen hat seine eigenen Eigenschaften und Rezepte und hat viel mit der britischen und der europäischen Küche zu tun. Schottland hat eine lange Geschichte köstlichen Essens. Es bietet eine große Auswahl an köstlichen Gerichten und leckeren Leckereien, die jeden Gaumen befriedigen. In diesem Kochbuch wurden 15 der besten schottischen Gerichte vorgestellt, die Sie sich nicht entgehen lassen dürfen. Die Rezepte sind köstlich, nahrhaft, schnell und einfach zuzubereiten und es muss nicht viel aufgeräumt werden. Stöbern Sie in einigen dieser Rezepte, probieren Sie sie aus und genießen Sie den Geschmack Schottlands!

über Lachlan Anderson

Lachlan ist Schotte und lebt seit vielen Jahren in der Schweiz. Er führt sein Leben im Sinne von „Coorie" und liebt Kochen, Gärtnern, leichtes Wandern (am liebsten in Wäldern) und – nicht lachen – Ausmalen.

Wenn er daneben Zeit hat, schreibt er gelegentlich und stressfrei an seinen Lieblingsthemen.

Weitere Bücher von Lachlan Anderson

Deutsch

[Coorie: Was Sie über den schottischen Lifestyle-Trend wissen müssen](#)

Englisch

[50 easy recipes for cooking with beer: Why not eat what you like to drink?](#)

Coorie Cooking: Scottish Recipes To Warm Your Heart And Heal Your Soul

Coorie: What You Need to Know About The Scottish Lifestyle Trend

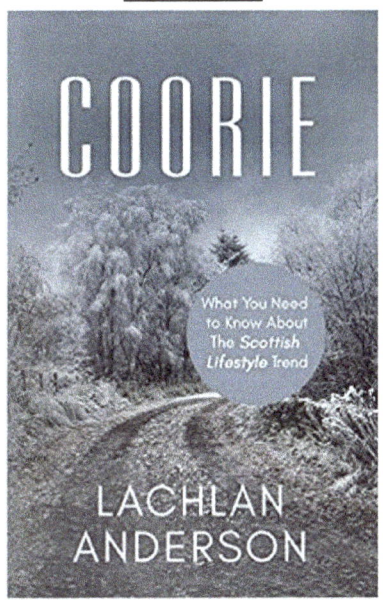

The Coorie Adult Coloring Book

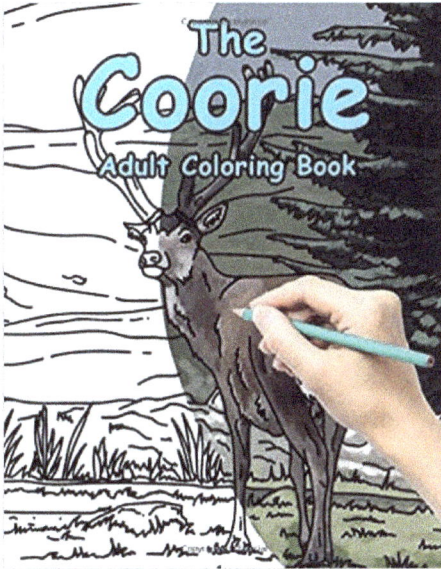

[Cooking With Friends: Coloring Book For Kids](#)

Eine letzte Sache

Ich hoffe, Sie haben diese Rezepte genossen und hatten ein tolles Mittag- oder Abendessen (nicht zu vergessen die Desserts!) mit einigen von ihnen! Danke, dass Sie dieses Buch gekauft und meinen Kochkünsten vertraut haben!

Ich habe viel Zeit investiert, um all diese Rezepte zusammenzustellen und dieses großartige Buch zu erstellen. Wenn Sie mir den Gefallen tun würden, eine kurze Rezension, dort wo Sie das Buch gekauft haben, zu hinterlassen, würde mich das sehr glücklich machen! Leser unterschätzen oft den Wert, den ihre Rezensionen haben. Außerdem lese ich, was mich betrifft, jede Rezension, da sie mir hilft, in Zukunft bessere Bücher zu schreiben.

Also vielen Dank und … guten Appetit!

www.ingramcontent.com/pod-product-compliance
Lightning Source LLC
LaVergne TN
LVHW050142080526
838202LV00062B/6553